AF475359

RÉFLEXIONS RAPIDES SUR UNE REBELLION DE DÉBITEURS INSOLVABLES, OU OBSERVATIONS

Sur les dénonciations à la Mode.

Par l'Hermite du Quartier Notre-Dame.

A PRIVAS,
DE L'IMPRIMERIE DE C.-A. GUIREMAND.

AN 1823.

A Monsieur J. BARTHELEMY...,
Jurisconsulte.

Mon Cher ami,

Notre commune Patrie est attaquée dans ce qu'elle a de plus cher. Une engence en veut à son honneur. Je m'élève contre l'attentat, soit comme défenseur né, soit à cause de la solidarité, soit, enfin, pour stimuler une main plus habile.

Je vous adresse ma brochure et je ne crains point de la placer sous vos auspices sans votre permission, parce que je connaîs vos bontés dont j'ai souvent éprouvé les effets. Elle est courte, comme le produit d'un incident fugitif et le fruit de quelques heures; veuillez en agréer l'hommage, à compte de plus ample et meilleure satisfaction.

Char....

RÉFLEXIONS RAPIDES
SUR
UNE REBELLION DE DÉBITEURS INSOLVABLES,
OU
OBSERVATIONS
Sur les dénonciations à la Mode.

...... *Quœque ipse miserrima vidi.*

Virg.

§. Premier.
OBSERVATIONS PRÉLIMINAIRES.

A une époque assez rapprochée de nous, notre territoire fut le théâtre d'un brigandage d'autant plus révoltant, qu'il nous rendait victime de ses spoliations, sous le faux prétexte de justice et de légitimité. Toutefois, il agissait dans l'ombre; comme criminel, il craignait l'action du Gouvernement.

Sous les mêmes apparences d'équité, mais plus redoutable que ces bandes d'alors, s'il n'était arrêté dans son principe, un Vandalisme tout nouveau ramène le règne de la terreur à Aubenas, et dans ses environs, menace l'honneur et attente à la fortune de ses citoyens paisibles, en s'étayant effrontément d'un texte de notre législation. C'est, en effet, à la faveur de la Loi du 3 septembre 1807, sur les intérêts, et par une fausse application de ses termes; que des circulaires, des dénonciations partent journellement de divers points, et arrivent tantôt à des créanciers malheureux, tantôt au Magistrat chargé de la vindicté publique, en pressant les mesures que prescrit son ministère. Au moyen de l'appui que cette horde se prête par un échange mutuel des rôles d'accusateur et de témoins; les débiteurs dont elle se compose et que la mauvaise foi dirige, ont pour objet non seulement de s'affranchir de leurs obligations envers des créanciers légitimes, mais encore d'imposer à ceux-ci, pour se redimer d'un état de prévention, des sacrifices souvent déterminés, afin d'éviter une mise en jugement, qui laisse toujours à l'accusé absout, de quoi affliger son innocence. Ceci est plus hardi que la retraite sur le Mont-aventin, (1) que l'abolition

---

(1) Voyez l'Histoire des Révolutions Romaines, par l'abbé de Vertot, *in. ppio*.

de dettes provoquée. C'est presque la loi agraire, l'égalité de fortunes que veulent ces gens sans aveu, de la classe tout-à-fait plébéïenne.

Cependant, un ensemble de délits divers se rencontrant dans ces faits voisins de l'escroquerie plus ou moins caractérisée, entâchés d'attentats, de dol et de menaces plus ou moins manifestés, et toujours suivis du crime de faux témoignage, il importe d'éclairer sur ce point l'autorité, de prémunir sa religion contre les surprises et de signaler dans l'intérêt de la vérité, la menée hostile et immorale, qui en veut à la vie civile, c'est-à-dire, à l'honneur et à la fortune d'hommes irréprochables.

Ainsi, on parlera d'abord des accusateurs, et dans le dernier paragraphe, on établira que la Loi du 3 septembre, est inapplicable à leur cause.

§. II.

DES ACCUSATEURS.

S'il était parmi eux un honnête homme, non interessé, à l'abri de tout soupçon et dont la bonne foi fut connue, l'accusation serait moins redoutable, bien qu'elle dût en ce cas, se présenter moins défavorablement. En effet, une engence toute de malfaiteurs est terrible, ne se trouvant tempérée par aucun élément contraire. Un parti qui n'a point d'opposition est toujours excessif, surtout s'il se dirige vers le mal, *abyssus abyssum invocat.* Véritablement, l'accusation prendrait faveur de l'encontre d'un sujet probe, mais le prévenu en serait moins offensé ; il soutiendrait plus volontiers les débats qui doivent le justifier ; il profiterait de l'opposition qui serait le résultat nécessaire et inévitable d'un concours d'élémens divers dans l'accusation, enfin, le litige s'agiterait d'homme à homme, et l'on n'aurait point le regret d'y voir l'esclave accusateur en présence du citoyen accusé.

Il n'en est pas ainsi dans l'espèce actuelle. Une immoralité sans exemple est notoirement tout ce qui reste à la plupart des Vandales sortis des antres qui dominent le site d'Aubenas. (1) Ils remplissent alternativement les rôles de dénonciateur et

(1) Vid. Idace et Isidore *in chron.* Procop. *de bell. Vandal* etc.

de témoins à profit commun. C'est une association de gens sans aveu, débiteurs insolvables, (1) qui ont consommé leur ruine, non par des remboursemens avec intérêts, puisque plusieurs d'entr'eux restent encore détenteurs des sommes adroitement reçues en prêt, mais par des débauches et des profusions que ne pouvait comporter leur état, et qui les entretenaient dans le vice, en même temps qu'elles les éloignaient du travail. (2) Leur prodigalité s'étant exercée des deniers empruntés, il en est résulté pour eux l'impossibilité de remplir leurs engagemens; de-là, les frais et les intérêts ont

(1) Des procès-verbaux de Carence attestent cette vérité. Voir le répertoire des huissiers.

(2) C'est notoire dans la Contrée.

doublement accru la masse des capitaux; mais, cet accroissement n'est pas illégal, les frais étant commandés par la morosité ou par les présomptions de l'insolvabilité survenue, et les intérêts étant permis par la Loi, même au taux du commerce.

Qu'on ne pense pas, toutefois, que les créanciers aient amélioré leur condition par cet incident, puisque les poursuites restées souvent sans résultat utile, n'ont fait qu'ajouter à la perte du capital. Et pouvait-il en être autrement! Si l'on réfléchit au malheur des temps, à la modicité des patrimoines de nos débiteurs, et que, d'autre part, l'inconduite de ceux-ci, ainsi que leurs charges individuelles soient rapprochées du tableau dont nous ne fesons ici que l'esquisse légère, on n'est plus étonné de l'interversion des choses à leur égard. Les prêts ont cessé pour eux, parce que ces prêts ne pouvaient fructifier, n'étant que l'aliment de leur prodigalité, comme ils ne pouvaient se soutenir, n'étant que le produit de négociations commerciales, ainsi qu'on le verra plus bas. Qu'ils cessent donc leur vociférations : qu'ils n'imputent qu'à eux-mêmes la dureté de leur position. (1).

On nous dit qu'il s'en est suivi pour ces débiteurs la perte de leur liberté personnelle. Le fait est vrai, et parce qu'il est le résultat légal et inévitable de ce qui précède, il veulent tout-à-coup reconquérir cette

---

(1) Ils ont dans la Loi le bénéfice de cession, et dans les travaux de la terre, leur destination première.

liberté et plus encore, s'il est possible, par un élan qui semble pris d'un texte positif!! C'est sur la Loi citée du 3 septembre qu'ils ont fondé des spéculations. Une association paraît s'être formée, et prendre une attitude imposante contre les créanciers. A qu'elle fin? Dans l'objet, ainsi qu'il a été dit, d'être libérée envers eux sans bourse déliée et de les contraindre à de prétendues restitutions, sous le faux prétexte d'usures payées. Belle exploitation! dont un premier succès a encouragé l'entreprise, mais qui ne saurait supporter les regards de la justice.

De-là, ces conciliabules, ces circulaires, ces demandes occultes et ensuite patentes d'indemnités, ces dénonciations téméraires et irréfléchies.

Le débit en a été tel qu'il y aurait eu économie d'en faire imprimer la formule.

Ce système, toutefois, semble dirigé par une main habile. D'abord, c'est au criminel que l'action est intentée; cette voie qui ne coûte rien à l'engence roturière, devant naturellement fatiguer les âmes bien nées qu'elle attaque. Ensuite un délai insolite est fixé dans l'exploit de citation, sans doute pour ménager dans l'intervalle les mesures de conciliation, et l'opérer à prix d'argent. J'ai vu le succès couronner l'entreprise (1) mais la bonne cause

(1) L'action est purement civile. L'habitude constitue le délit d'usure ; or, il ne peut résulter d'une opération isolée. Si la bonnefoi régnait chez les demandeurs, ils ne s'écarteraient pas de la procédure ordinaire. Il faut preuve de la simulation, dont il s'agira plus bas, preuve de l'usure et preuve de l'habitude, sans quoi, point de délit à punir.

s'écarte-t-elle des règles ordinaires ! *Donnez-moi huit cens francs sans quoi je vous dénonce*, disait, il y a peu de jours un des associés à un homme de ma connaissance. *Qui êtes - vous et d'où êtes - vous ?* lui répondit celui - ci. *Je suis Pierre... de Genestelle*, repartit l'agresseur, *vous apprendrez à me connaître, j'ai mes témoins, si......*

En effet, la corporation est forte de sa preuve testimoniale. A côté des circulaires qu'elle expédie, elle fait marcher une série formidable de témoins pris toutefois, parmi les membres qui la composent. Siégeant dans des bouchons ruraux, elle y dicte préalablement les témoignages. Ils y sont co-ordonnés et artistement mis en harmonie, non pas au point que la corporation arrive à une preuve décisive, car ses efforts seraient impuissans, marquée qu'elle est au coin de l'imposture, (1) mais de manière à compromettre, autant qu'il est en elle, le sort de sa victime, par une aggrégation d'individus concourant à surprendre la crédulité publique. (2).

---

(1) *Mendax semper fatetur mendax.*

(2) Trompé par la clameur, je fus un moment moi-même dans l'erreur. Comme chacun croit facilement ce qu'il craint, suivant le bon Lafontaine, je le dis franchement, je pensai que l'usure avait flétri pour long-temps les murs d'Aubenas. Par bonheur, il en est autrement. Plus mes méditations se portent sur cet objet, plus je reste convaincu de l'iniquité de l'imputation. Mais, de-là que des causes de cette nature seraient conciliées par mes soins, ou que je serais en rapport avec des Genestellois, conclure que j'ai co-opéré à la rédaction qui vient d'appeler au chef-lieu un des notables d'Aubenas, c'est une conséquence aussi fausse, que le génie qui l'a induite

N'est-il point dans nos lois des dispositions répressives d'un tel scandale ?

Le législateur ne craint point le reproche d'une lacune à cet égard. D'abord, le crime de *faux témoignage* est puni suivant les articles 361 et suivans du Code Pénal. *Les menaces* et *outrages* plus ou moins graves, par écrit ou non, sont également prévus dans plusieurs dispositions de ce Code. (2) « *L'escroquerie* « réside dans les manœuvres fraudu- « leuses, à l'aide desquelles un indi-

---

me paraît hostile. Je ne chercherai point à le connaître, à moins qu'il n'accepte le défi public que je lui porte, de justifier son allégation mensongère.

(2) Art. 305 et suiv. 375 et suiv. du Cod. Pén.

« vidu a enlevé ou *tenté d'enlever* « billets ou décharges, tout ou par- « tie de la fortune d'autrui, en « fesant naître l'espérance ou la crainte « d'un succès, d'un accident ou de « tout autre événement chimérique. »

Il est évident que ce délit se rencontre dans l'espèce, et qu'en conséquence, il y a lieu d'appliquer contre les coupables la peine prononcée par l'article 405 du Code Pénal. Enfin, la *calomnie* est aussi un délit dont chacun sent aisément toute la gravité. Le sujet lèsé exercera utilement l'action qui en résulte, à l'effet d'une juste réparation. Un sage a dit : *il n'est que d'être hardi à calomnier, on trouve toujours des crédules.* Quelque mensongère que soit l'imputation dirigée par des malfaiteurs contre nos vertueux citoyens, son effet ne saurait être nul, si la manifestation publique du sentiment des Magistrats ne venait rassurer l'innocence. Bien plus, il s'en-suit inévitablement, dans l'opinion, une lésion réelle qui ne permet point à ces citoyens de garder le silence, alors qu'il s'agit d'un attentat à leur honneur.

§. III.

La Loi du 3 Septembre 1807, est inapplicable à la cause.

Sans doute l'agiotage d'Aubenas dût affliger les habitans honnêtes de cette ville; il excita mon indignation, autant que l'agiotage de Paris excita celle de Mirabeau. (1) Heureusement,

(1) Voyez sa brochure intitulée *Dénonciation de l'agiotage de Paris.*

son existence n'a été que passagère, la mauvaise foi des débiteurs eux-mêmes en a accéléré l'anéantissement, et la prescription triennale (1) est venue tirer le rideau sur une scène trop affligeante pour nos mœurs.

Mais, ce trafic impur fut-il à Aubenas, l'ouvrage d'individus indigènes? Non. Quiconque a pu connaître les faits, jugeant consciencieusement doit déposer à la décharge des habitans. L'agiotage, ou plutôt son simulacre, s'y exerçait seulement en temps de foire et de marchés par des négocians qui n'appartenaient point à l'Ardèche. Qu'on se rappele le jet de fonds considérable que fit, sur notre place, il y a 4 ans, un négociant du département du Gard. Nos signatures

(1) Art. 638, Cod. d'Inst. Crimi.

agricoles furent escomptées, adressées sur Lyon, protestées faute de paiement et suivies d'un redoublement de charges. (1) L'auxiliaire qu'il rencontra chez nos agens subalternes ne constituait en ceux-ci qu'un simple mandat, qui les place hors de la ligne d'inculpation, son auteur assumant toute la responsabilité en résultant. (2) Effectivement, en tenant à un taux excessif la jouissance de ses fonds, il forçait les agens en second,

---

(1) Fesait de même, le fabricant non indigène, que la mort vient d'enlever à nos marchés. Laissons en paix son ombre, par le sacrifice de nos droits.

(2) Ces agens ne sont point exempts de reproches, quoiqu'à l'abri de l'action des lois. L'honneur de maisons respectables fut un moment compromis par leur fait, puisqu'ils fesaient planer sur elles des soupçons qui les regardaient seulement.

commissionaires ou courtiers, à percevoir le même taux et un droit de commission ou indemnité pour frais, peines et soins que l'opération occasionnait inévitablement; rétribution d'autant plus juste que ces agens se soumetaient personnellement à la garantie des remboursemens, et courraient par-là, une chance dont le poid s'est fait depuis vivement sentir. (1).

Mais, de ce que des négociations auraient été judaïques, il ne s'ensuit pas qu'elles soient soumises à l'Empire de la Loi du 3 septembre. Évidemment, elle leur est étrangère et

(1) Le courtage se fesait par des habitués, nos agens en titre n'étant pas constitués à cette époque. On sait que ceux-ci ne peuvent être garants de l'exécution des actes où ils interviennent. Art. 85 et 86 du Cod. de Com.

inapplicable. En effet, c'est à son esprit qu'il faut s'attacher, plutôt qu'aux apparences de son texte. *Scire leges non est verba tenere sed vim ac potestatem.*

Or, avant la publication de cette Loi, on était régi par le Code Civil, dont les dispositions ne déterminent point précisément l'intérêt conventionnel, de sorte que cet intérêt restait dépendant de la volonté des parties. Vint la Loi qui nous occupe, pour remplir la lacune du Code, auquel elle s'adapte et dont-elle forme le complément en cette matière; mais soit le Code, soit la Loi, ne s'occupant que de l'intérêt pour prêt ordinaire, on ne peut en étendre les dispositions au cours ou escompte de papier négociable. Confondre ces deux objets essentiellement distincts et non homogènes ; ce serait méconnaître étrangément les règles interprétatives du droit. Il y a plus, le cours du papier ne peut se trouver dans le domaine du législateur, parce que variant suivant les circonstances et les localités, il ne peut être la matière d'une disposition générale ; c'est pour quoi la Loi s'en rapporte à cet égard aux agens de change, ou courtiers, et à leur défaut, à l'attestation des négocians eux-mêmes. (1). Aussi, l'article 1153, Code Civil, en décidant que relativement aux obligations de sommes, les dommages résultant du retard dans l'exécution, ne consistent qu'aux intérêts fixés par la Loi, ajoute sagement, *sauf les règles par-*

(1) Voyez Art. 76 et suiv. Cod. de Com.

ticulières au commerce. Et la Loi macedonienne (1) dans sa disposition finale, avertit également qu'elle n'innove rien aux usages du commerce. Ainsi, cette Loi ne régit que les prêts ordinaires ; l'usure habituelle qu'elle prévoit et qu'elle punit ne pouvant dériver que de cette sorte de prêt, ses dispositions ne peuvent s'appliquer à une matière hétérogène, c'est-à-dire, aux opérations toute de commerce qui constituaient l'agiotage dont-il a été parlé. Inconstestablement, les prêts à raison desquels on a élevé des réclamations, ne se sont opérés qu'à l'aide de traites ou effets de banque, achats ou reventes, entièrement étrangers à la nature du

(1) Je l'appele ainsi du S.-Consult. *vid. ulp. au dig. de senatus C maced.*

simple prêt. Que fesaient, en effet, nos cultivateurs pour arriver à des emprunts par eux-mêmes ou par le service d'un agent? Ils créaient une valeur de commerce à trois ou six mois, la colportaient, et parvenaient à la faire escompter au moyen d'espèce, ou à l'échanger en autre valeur négociable. Dans le premier cas, leur papier rentrant dans le commerce, était soumis à la règle commune de l'escompte, variable suivant les temps et les lieux, et à défaut de provision à l'échéance, il devait légitimer, en conséquence, les protests, comptes de retour et généralement toutes les poursuites spéciales, qu'elles aient eu lieu ou non. Dans le second cas, la valeur échangée procurait les fonds par la négociation, c'est-à-dire, que cette valeur se trouvait ensuite escomptée elle-même, en éprouvant la perte du cours. Dans les diverses branches de commerce, qui sont aussi utilement qu'honorablement exploitées par des notables d'Aubenas, il convenait aux uns de fournir, et autres de recevoir des traites sur Lyon, Saint-Étienne, Paris et autres places. Mais de-là il résultait l'impossibilité morale pour les tiers, d'obtenir une jouissance de fonds à six pour cent, vu les opérations à faire avec perte pour y arriver. Cette vérité palpable devient plus sensible encore par un exemple :

Pierre veut emprunter mille francs pour trois mois; il fait une effet négociable de cette somme pour cette échéance. Il le cède à *Paul* en échange contre une valeur à vue sur Lyon;

cette opération première le soumet à un droit de commision, au moins d'un demi pour cent, sur tout le temps à courir, d'où suit sur le capital une perte de cinq francs ci... 5 f.

De plus, comme *Paul* fourni une valeur à vue, tandis qu'il ne reçoit de Pierre qu'un effet à trois mois, il exigera équitablement de celui-ci, l'intérêt au taux légal, ce qui fait dans l'espèce, un objet de quinze francs, ci.... 15 f.

Pierre devenu propriétaire de la valeur sur Lyon, en fait de l'argent par la voie de l'escompte. Il l'endosse, donc, à *Jacques*, au cours qui est, au moins, d'un demi pour cent, par où une nouvelle perte de cinq francs, ci.......................... 5 f.

TOTAL.... 25f.

On voit par ces viremens que mille francs coûtent, au moins, vingt-cinq francs pour trois mois, sans qu'il soit possible d'articuler l'usure. Et certes en calculant sur le pied d'un demi pour cent, le droit de commission et d'escompte, nous avons pris le taux le plus bas.

Dans le cas où l'effet de l'emprunteur serait escompté *dé plano* sans échange préalable en valeur sur Lyon; rigoureusement, il demeure soumis au droit de commission d'un demi pour cent, une fois payé; plus à la perception de l'escompte, à raison de six pour cent l'an, ce qui dans l'exemple précédent, réduit la perte à vingt francs pour trois mois. Dans l'une et l'autre hypothèse, ne sont pas compris les frais de l'agent employé, qu'il est juste de proportionner à la durée, à l'importance et aux diffilcultés de ses opérations.

Ce que nous venons de dire d'une valeur à vue sur Lyon, peut s'adapter aussi à une valeur à terme et sur une autre place, sauf l'arrangement des parties suivant les cas ; si la traite escomptée *de plano* se trouvait sur Privas, Largentière ou autre place, le transport ou l'endossement avec perte, devenait inévitable, et *quid* s'il n'y avait provision ? c'est alors la retraite et ses conséquences dans toute leur gravité. La seconde hypothèse, donc, où les frais d'escompte se trouvent réduits, comme on l'a vu, à vingt francs pour trois mois, est moins favorable que la première, à cause des conséquences qui en dérivent.

Mais, on parle de prêts qui auraient

eu lieu à un taux tout-à-fait exhorbitant. Il est facile d'en concevoir la possibilité légale, d'après ce qui précéde. Reprenons notre exemple :

Pierre s'adresse à *Paul* pour un effet de 1000 francs, à couvrir dans trois mois et l'obtient moyennant un droit de commission d'un pour cent, ce qui fait dix francs, ci.................. 10 f.

Recevant une valeur à vue contre son papier à trois mois, il doit l'intérêt fesant au taux légal, ci. 15 f.

Il négocie la traite à Jacques à 2 pour cent de perte............ 20 f.

Total pour trois mois de mille francs...................................... 45 f.

Et si à chaque trimestre le débiteur renouvelle la même opération, il s'en suivra pour l'année une perte de 180 f. fesant l'intérêt au taux dont on se plaint.

Pareille chose peut avoir lieu, aussi dans la négociation de la propre traite de l'emprunteur, contre des valeurs en espèces, parce que le papier de celui-ci ayant moins de faveur, le crédit est plus difficile ; le transport de place en place, ainsi que l'opération prêtant à l'arbitraire, il peut en résulter une perte de deux pour cent et au-delà.

Il fut des cas, encore, d'une apparence usuraire, quoique licites. Un propriétaire d'auberge repondit de bonne-foi à un Genestellois, qui sollicitait de lui un prêt d'argent, *je ne puis vous prêter, je n'ai que les fonds nécessaires à l'achat de mes foins de la prochaine récolte, lesquels je puis obtenir présentement au prix comptant de deux francs le quintal. D'accord*, repartit le paysan, *je vous en vends 300 quintaux livrables à la récolte. Comptez de suite à cet effet six cens francs.*

Cette somme lui fut payée. Plus tard on sut que le vendeur n'avait ni prairie, ni la possibilité présumable de fournir les foins. Maintenant que le propriétaire d'auberge réclame, après deux ans, son remboursement avec une honnête indemnité, à raison de l'inéxécution de la convention, le vendeur crie à l'usurier!! Ceci s'est pratiqué, aussi, dans des ventes de soie, faites pour obtenir des fonds et suivies de pertes plus sensibles, de sorte que le débiteur a cru, parfois, y trouver une stipulation usuraire. A cet égard, il est important de ne pas déguiser un prêt réel sous la forme d'une vente ; il faut pour la validité de la convention, qu'il y ait chance, événement incertain ou spéculation ; en un mot ; il faut que le contrat soit aléatoire.

Au reste, dans une ville manufacturière, les négociations sont de règle générale et les prêts simples sont d'exception rare. C'est de-là que les prêts proprement dits, ceux sans mélange de commercialité, étaient insolites à Aubenas. Mathématiquement parlant, on peut dire qu'ils étaient aux négociations comme un est à quarante, et cette unité quarantième ne peut être certainement arguée d'usure dans son entier, car, si je réfléchis que ces prêts nus et simples étaient faits par des citoyens, époux et pères, jouissant d'une confiance meritée et aussi recommandables par leur moralité, que par leurs services publics et généreux; par des hommes, enfin, qui tiennent honorablement à la magistrature et à l'administration, je suis fondé à croire que cette unité est à l'usure dans la même proportion, c'est-à-dire, comme un est à quarante, d'où la conséquence que le délit qui nous occupe, serait un seize centième, comparativement à la totalité des opérations; or, où est la cité sainte qui n'ait pas une fraction de vice, dans une proportion pareille! or, encore, est-il là une atteinte à l'ordre établi, suffisante pour déterminer l'action de la loi? surtout lorsqu'il n'est pas constant que l'exercice de cette action se fit en faveur de parties fondées à révendiquer le privilége du simple prêt ; je veux dire, l'avantage en résultant d'après la distinction ci-devant faite des négociations.

Cette quantité qui approche de zéro, des prêts simples se justifie encore, de ce qu'ils n'ont lieu que d'amis-à-amis, ou par adhérence ou connexité à autres affaires, toute autre émission de fonds se trouvant naturellement impreignée de négociabilité, dans une ville toute commerçante.

Enfin, la continuation d'une jouissance de fonds ne pouvant se maintenir que par le renouvellement des valeurs, il s'ensuivait nécessairement à chaque échéance, des droits à payer, et ce sont ces droits que l'agriculteur appele *usure* ! ! De plus faute de provision, il donnait ouverture à un accroissement de charges, inévitable après la mise en circulation de sa traite. La provision pouvait être faite par l'endosseur, ou le paiement par intervention pouvait s'opérer en sa faveur seulement; de-là, naturellement l'obligation de faire ce que le commerce appelle *le nécessaire*; et certes, nos emprunteurs ne sauraient méconnaître l'acte commercial qui fut la cause primitive du prêt et qui le déterminât, parce que la conviction, sous ce rapport, résulterait assez de cela que, cet acte n'appartenait point et n'a point été dévolu à la connaissance des juges civils.

Tout ici est licite, car la loi ne punit pas toujours ce qui est odieux, et lorsque j'ai dit que la prescription acquise par trois ans, effaçait désormais le souvenir de l'agiotage, j'ai supposé dans ses opérations, le mélange de délits autres que celui d'usure. (1).

Cette non illégalité, encore, ne me contredit pas dans l'assertion que l'agiotage dût afliger les gens honnêtes, car, l'arbitraire s'y mêlant, l'excès se prévalut souvent de l'absence des règles fixes, nos agens en titre n'étant pas alors constitués; et d'ailleurs les fonds prêtés alimentaient le vice, contrairement à la destination naturelle du prêt, de sorte que le principe et la conséquence étaient également afligeants.

Toutefois, ce n'est-là qu'un fait extrinséque; et il n'en suivait pas

(1) On conçoit la possibilité de ce mélange.

moins la nécessité d'un transport de place en place, médiat ou immédiat; or, les chances y attachées, les frais de correspondance, de port, de tenue de livres, de séjour, et autres ne devaient point rester uniquement à la charge des bailleurs de fonds. Enfin, c'est à celui qui offre sa traite, à subir la perte que son opération occasionne, parce qu'il est présumé en retirer un avantage équivalent (1) parce qu'il lui est libre de faire ou de ne pas faire (2) et parce qu'enfin, son co-traitant n'est pas tenu de le servir gratuitement. (3)

---

(1) *Qui sentit luc rum et damnum sentire debet-ff. de reg. jur.*

(2) *Volenti non fit injuria. Leg.* 34 *Cod. de Transac.*

(3) Nec *ignorans, nec invitus quisquam donat. Loi* 10 *Cod. de donat*

Ces vérités triviales partout ailleurs pourront être jugées nouvelles à Genestelle, mais elles n'en reposent pas moins sur l'usage antique et constant du commerce et sur la combinaison des dispositions législatives en cette matière.

On dira que quelques-unes de ces traites, entachées de suppositions illégales, couvraient de simples prêts sous la simulation.

Cette objection qui se réduit aux traites simulées, suppose la vérité de tout ce que nous avons dit, à raison du surplus. Dans ce sens, il faudrait distinguer. Mais comment établir devant les juges Civils, la simulation préalable que la juridiction consulaire a jugé ne pas exister? où est la preuve d'ailleurs, qu'une traite matériellement supposée, ou vicieuse, en la forme, ne soit point le résultat d'un acte de commerce antérieur ou adhérent à sa confection, prochain ou éloigné, et que cet acte ne se rattache à une opération de banque, directement ou indirectement ; car le transport de fonds de place en place, n'existe pas moins, ainsi qu'on l'a dit, bien que non immédiat ni apparent. On rentre donc dans la règle spéciale du courtage, d'autant que les suppositions alléguées n'ayant pu s'opérer sans le concours des débiteurs, on ne doit point les admettre à revenir contre un consentement librement donné. (i) Agriculteurs ou non, il leur était permis de se livrer à un

(20) *Quod abinitio voluntatis, expostfacto necesscitatis.*

acte de commerce, tel que l'est une lettre de change. Pour qualifier cet acte, en déterminer sa nature de traite réelle ou de traite simulée, une discussion préalable devenant nécessaire, la connaissance n'en appartient qu'au Tribunal de Commerce; dès-lors, on ne peut en saisir valablement les Juges chargés de l'application de la loi Macédonienne. *Non bis in idem.*

Dans cette détermination de la nature des traites, ou relativement à la distinction à faire à cet égard; il importe de remarquer que notre ville est une place de commerce, ainsi que le Gouvernement l'a reconnu, en y établissant le siège du Tribunal et récemment encore, des agens courtiers, dont l'institution ne se rencontre que dans les places importantes. La multiplicité de ces établissemens, de ses rapports avec les places étrangères, l'activité, enfin, qui y règne commercialement, doivent nous rendre bien circonspects sur les prétendues simulations.

Les nuances ici échapent à un œil exercé; il serait donc bien dangereux de s'en tenir au rapport de gens tout-à-la-fois incapables de les appercevoir et intéressés à les méconnaître; et de-là que des opérations usuraires auraient eu lieu, faudrait-il, par une interversion des règles, faire peser sur tous, après plusieurs années, une accusation qui ne regarde que quelques étrangers? Outre la prescription qui milite en faveur de ceux-ci, n'est-il pas évident qu'ils peuvent invoquer avec succès, la commercialité de leurs opérations et le privilége y attaché ; ils ne sont point au surplus et ne sauraient être réputés participants de la simulation, les traites ne leur étant arrivées qu'après plusieurs endossemens successifs? N'oublions pas ici la disposition finale de l'article 1153 du Code Civil, ni la conséquence qui en dérive, à raison des dommages-intérêts, en matière de commerce. Enfin, il serait plus rigoureux que juste, de laisser à la merci d'une engence, par celà seul qu'on résiderait sur un sol autrefois infecté, l'estime due et justement acquise à ses habitans, la considération dont ils ont hérité de leurs pères et qu'ils sont jaloux de transmettre à leurs enfans, comme la plus précieuse portion de leur patrimoine.

Disons, donc, que laissant en paix

réposer éternellement des souvenirs éteints par la prescription acquise, les Magistrats établis pour la distribution d'une exacte justice, toujours plus favorables à l'accusé qu'au dénonciateur, se tiendront en garde contre des doléances tardives et suscitées par une association odieuse, dont l'objet porte, d'ailleurs, sur un fait rigoureusement non déclaré illégal; ils reconnaîtront dans la démarcation des pouvoirs, les attributions de la juridiction consulaire et la nécessité de respecter ses décisions dans les causes de sa compétence. (1) Ils se garderont dès-

(1) La démarcation des pouvoirs tient au droit public. Est donc radicalement nul l'acte qui émané d'un juge incompétent *ratione materiœ.* Nécessité, dès-lors; qu'un juge n'empiéte sur le domaine de l'autre. *Vid. infra, la note.*

lors, d'appliquer la règle ordinaire à une matière spéciale, hétérogène, qui se place hors de cette règle, alors surtout qu'il s'agit de prétentions que la morale et l'équité réprouvent.

Loin de moi, toutefois, l'intention de plaider en faveur de l'usure. Victime que je suis, d'une erreur qu'elle a fait naître et ami des lois, j'ai un double motif de la combattre, si je la rencontre; mais quelques soient les droits de plainte qui me compétent, vis-à-vis, certains de mes concitoyens (1) cet esprit de vérité qui

(1) Il en est un contre lequel j'aurais particulièrement à dire; mais se trouvant d'une nullité absolue, quant à la science, nonobstant les apparences contraires, je dois l'assimiler à un sot incapable de péché mortel. Point de récrimination, Monsieur! ne vous déplaise, vous êtes

animе chacun de nous, m'imposera le devoir de venger une cité fidèle des inculpations injustement dirigées contr'elle. Mieux que tout ce que je puis en dire, il est vrai, la justice de ses habitans, les sentimens religieux qui les caractérisent, leur loyauté, et la distinction honorable qu'ils ont constamment méritée par une manifestation franche et entière (1)

---

l'âne chargé de reliques et moi l'âne du moulin. Quoi! votre bile s'echauffe comme celle d'un savantasse offensé. Mais, voici le dilemne: vous êtes ou un sot et alors j'ai raison de le dire, ou un génie sublime, et dans ce cas *de minimis non curat prœtor*. Vous êtes sublime! Ah! Cherchez ailleurs des juges.

(1) J'ai déjà publié que de toutes les villes du midi, celle d'Aubenas fut la première à arborer le drapeau blanc et la dernière que l'usurpateur ait pu soumettre à son empire. Voyez le journal de l'Ardèche du 15 octobre 1823, où est

pour le gouvernement juste et paternel du meilleur des Rois, tout celà exclut l'idée du vice et réfute victo-

---

une preuve du bon esprit qui anime les habitans pour la cause sacrée des Bourbons. Cet article toutefois, ayant donné prise à la critique relativement à la concordance d'opinion et de principes dont il est question vers sa fin, je dois ici expliquer ma pensée. Nous sommes tous royalistes, puisque tous nous voulons le Roi tout entier, comme des enfans soumis veulent tous la conservation de leur père commun; point de difficultés, quant à l'institution, quant à sa légitimité, quant à sa justice et quant au bonheur en résultant pour les peuples. La divergence est relativement au mode de conservation seulement. Or, la discipline de l'église elle-même ne varia-t-elle pas ? le côté droit et le côte gauche doivent également concourir au bien public; il résulte de leur choc un état de stabilité, de consistance, de pure et véritable équité; c'est un tempérament, s'il est permis de s'expliquer ainsi, vivifié par la modération, qui donne la force, l'energie, la conservation. Je ne suis pas fâché de l'exis-

rieusement les imputations calomnieuses dont un génie malfesant se complait à deverser le venin sur l'hon-

---

tence d'un opposition, mais je le serais que l'opposition triomphât; sans l'opposition point de discussion, or, c'est la discussion qui éclaire. Par elle ressort dans sa véracité, la volonté royale, qui est véritablement la volonté de tous, l'unanimité n'étant pas essentielle à sa formation : d'ailleurs, il est de règle que par la combinaison d'élémens divers, on arrive à une composition durable. Qu'on nous permette encore l'emploi d'une expression sensible : les forces vitales ne peuvent suffire à une existence toujours exagérée, et l'inaction prolongée sans principe vivifiant, dénote la faiblesse et amène au dépérissement. L'état de santé réside dans le terme moyen et l'on sent que cet état non dérangé, nous conduit loin et très-bien. Ceci du corps humain, s'applique à la machine politique, et je vois son terme moyen dans le *Roi* et la *Charte*. Il en découle nécessairement les *honnêtes gens*; de ceux-ci la modération, par où une tolérance prudemment observée, d'où, enfin, les deux côtés droit et gauche.

neur d'une conduite qu'il devrait imiter.

En mon fait, au surplus, je le dis hautement, comme celle de tout hom-

---

Réduire les harangues nationales à la plus simple expression, est donc, en définitive, la *modération* : ainsi, n'accordons pas trop sur notre état de santé, mais gardons-nous de faire le malade imaginaire. Devrait-il résulter de-là, un petit mal, il faudrait s'y soumettre par la nécessité des choses, en considération aussi, des avantages y attachés, où est notamment celui inappréciable de fraterniser. Je suppose ici la non-existence d'hommes de ceux de quatre vingt treize, dont l'encontre nous constituerait dans un état voisin de maladie grave, qu'il faudrait prévenir et empêcher par une extirpation radicale, autrement toutefois, que par le remède de mort, qui répugne trop aux principes du contrat social, comme Rousseau l'a remarqué. Quoi de plus beau ! que ces expressions royales *union et oubli*, et que le spectacle d'un Roi qui contemple son ouvrage, en disant à ses peuples *hœc est lex ; vobis et mihi.*

Revenant à mon article, que j'allais perdre de vue, parce qu'on m'a mis sur la voie de ce

me désireux du salut de son âme, mon opinion est fondée sur la décision de Benoit XIV, qui l'est elle-même sur la doctrine des conciles et celle-ci sur les textes sacrés. (1) *Point*

---

faire, je dis qu'au moyen de l'esprit de modération qui domine à Aubenas, malgré une divergence sur certains points de forme, l'unité n'y existe pas moins et dès-lors, c'est avec raison que j'ai écrit qu'il règne parmi nous, une concordance d'opinions et de principes, lorsqu'il s'agit de la cause sacrée du Roi. On sait, au surplus, que je siége au côté droit, mais, tenant l'extirpation ou l'anathême dont je viens de parler, je ne vôte la mort d'aucun; *qu'il se convertisse et qu'il vive*, dit le seigneur parlant du pécheur.

(1) Vid. *instructions sur le Rituel*, etc. Par Mgr. Joly, évêque de Toulon; ensemble les théologiens et les conciles par lui cités. Je sais que les exceptions *damnum emergens et lucrum cessans*, prêtent à l'argumentation et flattent la majorité, mais il faut craindre de se faire illusion. Tout doit être vrai. Point d'extension au prejudice de la cons-

d'intérêt pour simple prêt. Telle est la règle qui ne reconnaît que peu d'exceptions. A l'ordre ! s'écrie, ce me semble, une vaste majorité et peut-être, s'agira-t-il de mon exclusion. Mais la Loi est là ; son texte est formel, *mutuum date, nihil indè sperantes.* J'y vois le conseil et le précepte, et je trouve le commandement dans la prohibition de tout intérêt. A quoi bon revenir sur une matière usée ; je renvoie donc le lecteur à ce qui a été dit avant moi ; toute-fois, je me plais à re-

---

cience : ce n'est pas d'une stipulation civile qu'il s'agit ici ; le créancier doit se juger intérieurement, examiner si la perte éprouvée a pour occasion prochaine le prêt fait ; décider enfin, s'il est ou non, dans le cas excepté. Il discute alors pour un temps où il n'existera plus, *cum liber scriptus proferetur, in quo totum continetur.*

marquer dans les exceptions du *lucre cessant et dommages naissant*, que par un motif dont chacun sent aisément la justesse, la rigueur du principe prohibitif de tout intérêt pour prêt, fléchit en faveur des opérations de banque, chaque fois qu'elles ne sont point en opposition avec les dispositions existantes de nos Lois.

(*) On a parlé d'abus qui se seraient introduits près la justice commerciale, mais ils tiendraient plutôt à la forme suivie qu'au droit dévolu à cette juridiction. J'appele *abus* tout usage contraire à la loi, or, il y aurait abus, si le tribunal adjuge les demandes en garantie, sans citation préalable *adhoc* contre les garants ; s'il prononce la contrainte par corps contre les individus non commerçants, autres que les souscripteurs de lettres de change ; s'il s'est fait et qu'il suive une disposition règlementaire d'où il puisse résulter pour les justiciables une aggravation de charges, quelle quelle soit ; on ne pense pas, même, qu'une décision ministérielle put autoriser un tel règlement, s'il existe. Ces vérités exigeraient des développemens appuiés des textes.... Grâce à cet égard !! Les bornes de cette note et la rapidité avec laquelle nous l'ecrivons, ne permettent pas qu'il en soit ici autrement question.

www.ingramcontent.com/pod-product-compliance
Ingram Content Group UK Ltd.
Pitfield, Milton Keynes, MK11 3LW, UK
UKHW021021200726
13857UKWH00004B/1519

9 782013 073042